Petra Fietzek

Bodo, das Glücksschwein

Illustrationen von Michael Schober

Loewe

Die Deutsche Bibliothek – CIP-Einheitsaufnahme

Bodo, das Glücksschwein / Petra Fietzek.
Ill. von Michael Schober.
– 1. Aufl. – Bindlach : Loewe, 1997
(Lesespatz)
ISBN 3-7855-3127-3 Pp.

Dieses Buch ist auf chlorfrei gebleichtem Papier gedruckt.

ISBN 3-7855-3127-3 – 1. Auflage 1997
© 1997 Loewe Verlag GmbH, Bindlach
Umschlagzeichnung: Michael Schober
Redaktion: Claudia Ondracek
Satz: Leingärtner, Nabburg
Gesamtherstellung: New Interlitho Italia SPA
Printed in Italy

Inhalt

So ein Schreck!

Bodo lebt
auf einem Bauernhof.
Er fühlt sich dort sauwohl.

Am liebsten suhlt sich
Bodo in der Matschkuhle.

Die anderen Schweine
hat der Bauer
schon verkauft.

Nur Bodo ist noch da.

9

Eines Tages
sagt der Bauer:
„Heute ist Bodo dran!"

Bodos Herz klopft laut.
Und seine Matschkuhle?
Und sein Schweinestall?
Er will doch bleiben!

Erst weint Bodo
fünf Schweinetränen.
Dann frisst er
acht dicke Kartoffeln.

Und schon hat er
eine tolle Idee!

„Ich verstecke mich einfach
in meiner Matschkuhle",
grunzt er.

Bodo wühlt sich
tief in die Kuhle.

Der Bauer sucht ihn
vergeblich.
„Dann eben später",
brummt er und geht.

Bodo rollt sich
aus dem Matsch.

Was nun?

Wo soll Bodo sich
nur verstecken?
Er wackelt
mit den Schweineohren.

Schon hat er
wieder eine gute Idee!

„Ich werde einfach ein Hund!",
quiekt Bodo aufgeregt.

Der Hofhund ist nett.
Er leiht ihm
seine Hundehütte.

TOM

Bodo lernt sogar
ein bisschen zu bellen.

Da eilt der Bauer
über den Hof.

„Wo steckt Bodo nur?",
schimpft er.

„Wuff! Wuff!",
macht Bodo.

Später muss Bodo
die Hundehütte räumen.

Wo soll er sich
nun verstecken?

Ein Pony hört
sein Seufzen.

„Du hast vier Beine wie ich,
du bist fast so groß wie ich,
nur deine Farbe ist anders ...",
überlegt es.

„Das kriegen wir schon hin!",
grunzt Bodo
und wälzt sich
auf der Erde.

Dann schwingt er sich
den großen Sattel
auf seinen Schweinerücken.

Im Schweinsgalopp
tobt er
auf der Koppel herum.

Der Bauer sucht
Bodo überall.
Sogar am Bach.

Und auch im Stroh.
Aber er findet
ihn nirgends.

Freunde in der Not

Der Sattel drückt Bodo.
Schwupp – wirft er ihn ab.

Schon weiß er
ein neues Versteck!
Im Stall mischt Bodo sich
unter die Kälbchen.

Die Kälbchen kichern.
„Pssst!", macht Bodo.

Der Bauer stapft
durch den Stall.
Sieht er
das dicke rosa Kälbchen?
Nein!

Das ist noch einmal
gut gegangen!

Bodo schleicht
aus dem Stall.

Draußen gackern
die Hühner:
„Nimm ein paar Federn
von uns!"

„Tausend Dank!",
quiekt Bodo erleichtert
und steckt sich
zehn Federn an.

Bodo macht
einen Indianertanz!
Die Hühner krächzen
vor Lachen.
Nur der Hahn nicht.

Eine Donnerstimme
brüllt über den Hof:
„Bodo!
Wo steckst du?"

Da gackern alle Hühner.
Am lautesten Bodo.

Die rettende Idee

Bodo ist völlig geschafft.

Doch alle Tiere
wollen Bodo helfen.

Sie versammeln sich
vor dem Schweinestall
und grübeln und grübeln.

„Wir müssten alle
gleich aussehen!",
schnattert die Ente.

„Wie soll das nur gehen?"
Bodo lässt
seine Schweineohren hängen.

„Ich hab's!",
piepst ein Entenküken.
„Wir machen uns alle
ganz dreckig!"

Und schon springt es
in die Matschkuhle.

„Das ist die Lösung!
Mir nach, Matschfreunde!",
bellt der Hund
und nimmt Anlauf.

„So eine doofe Idee",
meckert die Ziege.

Da wird sie einfach
von drei Ponys
in die Kuhle geschubst.

Ein Tier nach dem anderen
platscht in den Matsch.
Bodo ist ganz gerührt.

„So eine Schweinerei",
maunzt die Katze.
Aber zum Schluss steigt sie
doch in den Dreck.

Gewonnen, Bodo!

Anschließend
versammeln sich
die Matschfreunde
auf dem Hof.

Der Bauer traut
seinen Augen nicht.
Was ist denn das?

Ein Huhn beginnt
zu gackern:
„Bodo soll bleiben!
Bodo soll bleiben!"

Ein Tier nach dem anderen
stimmt mit ein!

Da lacht der Bauer
schallend los:

„Gewonnen, Bodo,
du kannst bleiben.
Ihr Freunde gehört
einfach zusammen!"

„Hurra!",
schreien die Tiere.
Am lautesten Bodo.

LESESPATZ